AF298138

ESSAI

D'UNE

BIBLIOTHÈQUE

ALBIGEOISE,

Par M. de Combettes-Labourelie.

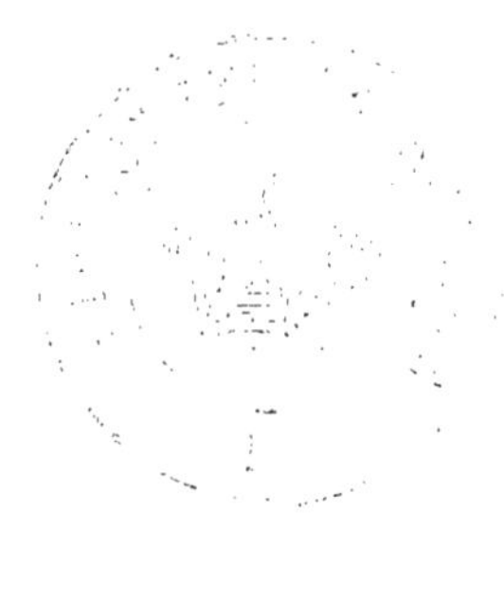

GAILLAC,

M. Cestan, Imprimeur-Libraire.

1846.

AVANT-PROPOS.

J'ai voulu plusieurs fois réunir les ouvrages com-
posés par les écrivains que l'Albigeois a vu naître.
De nombreuses difficultés se sont toujours présentées :
il n'a pas été en mon pouvoir de les vaincre. Il aurait
fallu visiter les bibliothèques de villes éloignées,
entretenir des correspondances souvent négligées par
ceux à qui l'on s'adresse, exécuter quelques voyages
dispendieux, employer des sommes considérables : ma
fortune ni le temps ne me l'ont jamais permis.

J'eus alors le dessein de proposer au Conseil général du département du Tarn de voter les fonds
nécessaires pour l'acquisition des Œuvres des auteurs
de notre Albigeois et de les placer dans la bibliothèque de la ville d'Albi. Des obstacles, auxquels je
n'aurais pas dû m'attendre, m'ont encore empêché
de réaliser ce projet.

J'avais dressé un catalogue contenant les noms et
les ouvrages des écrivains de notre pays : je le livre à

*l'impression, sous le titre d'*Essai d'une Bibliothèque albigeoise. *Je prie mes lecteurs de relever mes erreurs, de me faire connaître mes omissions. Ce sera le moyen le plus sûr d'arriver plus tard à présenter un travail moins défectueux et plus complet.*

Avant de commencer, je dois dire que les Dictionnaires de Mœreri, de Ladvocat, de Feller *et* de Michaud, *la* Gallia Christiana, *la* Biographie Toulousaine, *et celle de* M. Magloire Nayral, *bien autrement importante et curieuse, m'ont fourni les principaux matériaux de mon opuscule.*

De COMBETTES-LABOURELIE.

Essai

D'UNE

BIBLIOTHÈQUE ALBIGEOISE.

1. — ADHEMAR LOU NEGRÉ (LE NOIR), natif du Castelviel d'Albi, dans le 13ᵉ siècle, devait appartenir à l'ancienne famille de Monteil Adhemar.

On trouve quatre de ses chansons dans les manuscrits de la Bibliothèque du Roi. M. de Rochegude en a publié deux dans son *Parnasse Occitanien,* t. I, page 359.

2. — ALBERT (Philippe), né à Castres, le 1ᵉʳ mai 1787, de Philippe Albert, perruquier, et de Marguerite Barthe, mourut à Tonneins, le 9 mai 1831. Il a laissé :

1°. *Pièces fugitives* (Castres, 1807, in-12);
2°. *Les Amours* (Paris, 1807, in-12);
3°. *Le Retour des Bourbons* (1814, deux éditions);
4°. *La nouvelle Ligue ou la Chûte du Tyran, suivie d'une Scène pastorale,* 1815;
5°. *L'Espagne délivrée* (poëme, 1823, deux éditions);
6°. *Idylles morales pour l'Enfance;*
7°. *Mes Loysirs ou Poésies diverses;*
8°. *Recueïl de locutions et de phrases vicieuses, imprimées à la suite de la Grammaire de Lhomond* (deux éditions);
9°. *Exercices gradués sur les différentes parties du discours et les figures grammaticales, à l'usage des Maisons d'éducation;*
10°. *Pharamond, ou la fondation de la Monarchie française, poëme en six chants;*
11°. *Joseph vendu par ses frères, poëme en trois chants.*

3. — ALBERTAS CAYLA, jongleur albigeois, vivait au 13ᵉ siècle.

On trouve un *Sirventés* de lui dans les manuscrits de la Bibliothèque du Roi. M. de Rochegude l'a recueilli dans son *Parnasse Occitanien,* t. I, p. 354.

(6)

4. — ALAYRAC (Raymond d'), prêtre, né à Albi
dans le 14e siècle et mort après 1325. Il a laissé
plusieurs poésies. On a de lui manuscrit :

*Un canso de mossen Ramon d'Alayrac, capela d'Albegez, e
gazanhet la violeta de l'aur à Tolosa, en l'an M. CCC. XXV.*

5. — ALEGRE (Jean), avocat et membre de l'A-
cadémie castraise, était né à Castres, où il mourut
le 18 mai 1680. Ses ouvrages encore non imprimés
sont :

1º. *Vers latins contre les auteurs de la guerre civile;*
2º. *Ode latine sur la mort de M. de St.-Alby;*
3º. *Epitaphe pour le même;*
4º. *Epigramme sur la mort du roi d'Angleterre;*
5º. *Sonnet à la louange du poëme d'Orphée par Journés;*
6º. *Dystiques grecs et latins;*
7º. *Elégies sur différents sujets.*

6. — ANTHESIGNAN (Pierre), né à Rabastens
dans le 16e siècle, a publié :

1º. *Une Grammaire grecque;*
2º. *Un Traité sur la Grammaire universelle;*
3º. *Une édition de Térence, avec de courtes Notes;*
4º. *Une seconde édition du même auteur, avec les Notes de
tous les Commentateurs;*
5º. *Une troisième édition de Térence, avec de nouvelles Notes
marginales, une traduction et une paraphrase des trois premières
Comédies* (Lyon, 1566);
6º. *Thematis verborum investigandi ratio, et praxis præceptorum linguæ græcæ;*
7º. *Praxis seu usus præceptorum grammatices græcæ, Lug-
duni, in officina Petri Rigaud, 1608.*

7. — AUGIER GAILLARD, natif de Rabastens,
où il reçut le jour en 1530 et où il mourut après
1592. Il exerçait la profession de charron, et est
connu sous le nom de *Roudié de Rabastens.* M. Gus-
tave de Clausade, éditeur de ses œuvres, les a ran-
gées dans l'ordre suivant :

1º. *Las Obros de Augier Gaillard, natif de Rabastens, en
Albigés, à noble François de Caumon, seigneur et baron de
Montbeton, Massuguier, etc.* (Bordeaux, Jacques Olivier, libraire,
1579, in-8º);
2º. *Lou Libre gras* (Montauban), *ouvrage heureusement per-
du, était très-licencieux;*

3°. *Recommandation d'Augier Gaillard, poëte de Rabastens, al Rey per estre mes en cabal par la Sio Majestat* (Lyon, in-4°, sans date);

4°. *Lou Banquet d'Augier Gaillard, roudié de Rabastens, en Albigés* (Paris, Simon Ribardière, 1583, in-8°; Paris, François Andebert, 1584; Paris, 1610, in-12; Lyon, 1614 et 1619);

5°. *Description du château de Pau et des jardins d'iceluy, et Description de Lescar par Augié Gaillard* (Lescar, 1582 et 1592, in-8°);

6°. *Les Amours prodigieuses d'Augié Gaillard, rodier de Rabastens* (1592, in-4°, sans nom de ville ni d'imprimeur).

M. de Clausade a donné en 1843 (S. Rodiere, imprimeur à Albi), une édition des œuvres d'Augier Gaillard, son compatriote, en élaguant tout ce qui pouvait blesser l'honnêteté. Cette édition est la plus complète de toutes.

8. — AZAIS (Antoine-Louis-Rose), né à Castres, en 1777 et mort en août 1831. Il est auteur :

1°. *De Mémoires manuscrits très-curieux;*

2°. *D'un ouvrage sur le Prêt à jour, pour défendre celui de l'abbé Roque Desplats.*

9. — AZAIS (Pierre-Hyacinthe), né à Sorèze, en 1766, mort à Paris en 1845. On a de lui plusieurs ouvrages, entre autres :

1°. *Compensations dans les destinées humaines* (3 vol. in-8°, Paris, 1815);

2°. *Nouvel Ami des Enfants* (20 vol. in-18, Paris, 1816);

3°. *Jugement impartial sur Napoléon, ou considérations philosophiques sur son caractère, son élévation, sa chûte et le résultat de son gouvernement, suivies d'un parallèle entre Napoléon et Cromwel* (in-8°, 1819);

4°. *Du sort de l'homme dans toutes les conditions, du sort des peuples dans tous les siècles, et particulièrement du sort actuel du peuple français* (3 vol. in-12, 1821);

5°. *Cours de Philosophie générale, ou explication simple et graduelle de tous les faits de l'ordre physique, de l'ordre physiologique, de l'ordre intellectuel, moral et politique* (8 vol. in-8°, Paris, 1824);

6°. *Explication universelle* (2 vol. in-8°, 1826);

7°. *Développement des questions principales* (suite de l'ouvrage précédent; — 1 vol. in-8°, 1829);

8°. *Principes de morale et de politique, application au Gouvernement du peuple français et aux conditions politiques de la situation actuelle* (1 vol. in-8° Paris, 1829);

9°. Articles nombreux dans *Le Mercure français*, *L'Aristarque* et *Les Annales politiques*.

10. — BALARD (Marie-Françoise ALBY, femme de M.), naquit à Castres, le 28 mars 1776, de M. François Alby, négociant, et de Marie Engonin-Labarthe; elle mourut dans la même ville le 8 avril 1822. Cette muse a laissé :

1°. *L'Amour maternel, poëme en quatre chants* (Paris, 1811);
2°. *La Poésie, ode présentée aux Jeux Floraux* (1813);
3°. *Les Françaises du Midi en 1815 (Ami du Roi, 8 sept.)*;
4°. *Envoi du Souci et du Lys à ses deux filles;*
5°. *Idylle sur la mort de Sylvandre;*
6°. *Velleda;*
7°. *Le Bosquet, ode.*
8°. *Le Proscrit, élégie;*
9°. *Vers à mon ami, en lui envoyant un bouquet d'immortelles et de violettes;*
10°. *La Sensibilité, ode;*
11°. *Le lever du soleil du Guide;*
12°. *Epître à Eglé;*
13°. *Couplets en style marotique;*
14°. *Rondeau;*
15°. *Romance;*
16°. *Ode à l'Hymen;*
17°. *Pénélope, roman sur l'éducation des femmes,* manuscrit.

11. — BATAILLER (   ), était né à Castres en 1540. On a de lui :

Mémoires sur les guerres civiles et religieuses du Languedoc.

Cet ouvrage, manuscrit, est fort rare. Il était jadis dans la bibliothèque du marquis d'Aubais.

12. — BELAVAL (   ), prêtre, né à Rabastens en 17   et mort dans la même ville en 180   , est auteur de l'ouvrage suivant :

La Religion chrétienne prouvée par les miracles, ou Bouclier du Chrétien.

13. — BERAULT (Michel), ministre protestant, né à Réalmont, à la fin du 15ᵉ siècle, est auteur :

1°. *De la Chemise sanglante,* libelle condamné au feu par le lieutenant-général du juge royal de Castres, en 1626;
2°. *De la briève et claire défense de la vocation des Ministres de l'Evangile,* in-4°, 1598.

14. — BERNARD (Guillaume), né à Gaillac dans le milieu du 17ᵉ siècle, entra dans l'ordre de Saint Dominique. Il a traduit du latin en grec :

Les ouvrages de saint Thomas d'Aquin.

15. —BESPLATS (Jean-Marie-Antoine Gros de), né à Castres, le 13 octobre 1734 et mort à Paris en 1783; il était grand-vicaire de Besançon. Il a laissé:

1°. *Rituel des esprits forts,* 1763.
2°. *Discours sur l'utilité des voyages,* 1763.
3°. *Traité des causes du bonheur public,* in-8°, 1768; 2 vol. in-12, 1774.
4°. *Essai sur l'éloquence de la chaire,* 1778, in-12.

16. —BLOUIN (Mathieu), Chanoine de Saint-Michel, né à Gaillac à la fin du 16e siècle, a écrit:

1°. *L'histoire du massacre des Huguenots en* 1562. (Vers burlesques, manuscrits.)
2°. *L'histoire des troubles de religion et de la prise de Gaillac, de* 1562 *à* 1595. (Manuscrit.)

17. —BONHOMME (Jean-Baptiste), né à Castres, en 1762, mort en 1830, a laissé:

1°. *Une Grammaire latine,* imprimée à Castres.
2°. *Des Poésies fugitives.*

18. — BONÉ (Jean) reçut le jour à Castres, dans le 17e siècle; il était conseiller du Roi et substitut du procureur du Roi. Il a publié:

Plaidoyers (1650, in-4°; 1657, *en 2 parties,* Paris, H. Legras).

19. — BOREL (Jacques) vivait aussi dans le 17e siècle et était originaire de Castres. On a de lui:

1°. *Les larmes de la Sainte Vierge.*
2°. *Le renouveau de la paix.*

20. —BOREL (Pierre), fils du précédent, naquit à Castres en 1620, fut docteur en médecine et mourut en 1689. Il a laissé:

1°. *Catalogue des raretés de Pierre Borel,* Castres, 1645, in-4°.
2°. *Les antiquités, raretés, plantes, minéraux et autres choses considérables de la ville et du comté de Castres,* in-12, Castres 1649.
3°. *Poëme à la louange de l'imprimerie,* Castres, in-12, 1650.
4°. *Historiarum et observationum medico-physicorum centuriæ prima et secunda, in quâ non solum multa utilia, sed rara, stupenda, ac inaudita continentur.* Castres, 1653, in-8°; Lahaye, 1666, in-8°; Paris, 1657, in-8°; Francfort, 1670, in-8°; 1678, in-8°.
5°. *Vie de Descartes* (en latin). Paris, 1657, in-8°.

6°. *Bibliotheca chimica, seu catalogo librorum philosophicorum hermeticorum.* Paris, 1654; Heidelberg, 1656.

7°. *De vero telescopii inventore, cum brevi omnium conspiciliorum historia.* Lahaye, 1653, in-4°.

8°. *Auctarium ad vitam Peirescii.* Lahaye, 1655, in-4°.

9°. *Carmina in laudem regis, reginæ, cardinalis Mazarini,* in-4°.

10°. *Commentum in antiquum philosophum Syrum.* Henault, 1655.

11°. *Trésor des recherches et antiquités gauloises et françaises réduites en ordre alphabétique et enrichies de beaucoup d'origines, épitaphes et autres choses rares et curieuses, comme aussi de beaucoup de mots de la langue thyoise, ou theuthfranque,* Paris, 1655, in-4°.

12°. *Discours prouvant la pluralité des mondes.* Genève, 1657, in-12; traduit en anglais, Londres, 1658 et 1660, in-8°.

13°. *Hortus seu armamentarium simplicium plantarium et animalium ad artem médicam spectantium, cum brevi eorum etymologia, descriptione, loco, tempore et viribus,* Castres, 1666, in-8°; Paris, 1667, in-8°.

14°. *De curationibus sympatheticis,* Nuremberg, 1662, in-4°; se trouve aussi à la fin du *Theatrum sympatheticum.*

15°. *De vita et philosophia Democriti,* in-12.

16°. *De magia naturali.*

17°. *De thesauris.*

18°. *Observationum microscopicarum centuria.*

19°. *Crebrum philosophorum chimicorum.*

20°. *Poëme sur Scipion.*

21. — BOSC (Paul) naquit à Pierre-Ségade, le 10 juillet 1726 et mourut en 1784. On a de lui:

1°. *Mémoire sur la nature de la matière électrique et sur la cause de la graisse du verre.*

2°. *id.* sur la cause de la soufflure des métaux.

3°. *id.* sur la cause des bulles qui se trouvent dans le verre.

4°. *id.* sur la faïencerie.

5°. *id.* sur l'emploi du basalte dans la verrerie.

6°. *id.* sur la fausse émeraude, ou spath fusible.

7°. *id.* sur la fabrication du verre en table.

8°. *id.* sur le commerce de la potasse.

9°. *Analyse des eaux thermales de Chaudes-Aigues.*

10°. *Essai des mines à feu.*

Ces écrits ont été recueillis en 1780. (Paris, 8 vol. in-12.)

22. — BOUDON (Pierre), opticien, né et mort à Castres, dans le 17° siècle, a fait imprimer:

*Traité de l'usage des lunettes et pièces curieuses qui dépen-
dent de cet art.* Castres, 1682, chez Raymond Baccouda ;
réimprimé plus tard avec des gravures et plus de luxe.

23. — BOUSCAT (Daniel Guerin du), natif de
Réalmont, vivait au commencement du 17e siècle ;
il exerçait la charge de Lieutenant civil et cri-
minel de la Prévôté de sa ville natale. On a de lui :

1°. *Antiope, roman.*
2°. *Harangue au Cardinal de Richelieu.*
3°. *L'enfant désavoué, comédie.*

On a lieu de croire que Bouscat (Guyon Guerin du), conseiller du Roi, avocat au Conseil, qui eut Coras Larigaudie
pour clerc, était le même que le précédent *(Biographie universelle,* page 396, tome 5.) Il est auteur de :

4°. *L'amant libéral, tragi-comédie,* 1642, in-4°.
5°. *La mort de Brutus et de Porcie, ou la vengeance de la
mort de César, tragédie,* 1637, in-4°.
6°. *Le gouvernement de Sancho Pança, comédie,* 1642.
7°. *Oroondate, ou les amants discrets, tragi-comédie,* 1645,
in-4°.
8°. *Le prince rétabli,* 1647, in-4°.
9°. *Dom Quixote de la Manche,* 1re *partie, comédie en* 5
actes, 1638, imprimée en 1640, in-4°.
10°. *id.* 2e *partie, comédie,* 1639, imprimée en
1640, in-4°.
11°. *Cléomène, tragédie en* 4 *actes,* 1648, in-4°.
12°. *Agis (la mort d'), tragédie,* 1642, in-4°.

On trouve ensuite le *Fils désavoué, ou le jugement de Théo-
doric, roi d'Italie,* tragi-comédie, 1642, in-4° et in-12, qui
certainement est le même ouvrage que l'*Enfant désavoué,*
classé sous le numéro 2. Cette dernière œuvre ne peut laisser
aucun doute sur l'identité des deux *Du Bouscat.*

13°. *Paraphrase du Psaume* 17e, *en vers français, avec le
latin à la marge,* 1643, in-4°.
14°. *Vers sur une jalousie.*

24. — BOYER (Abel), né à Castres en 1664 et
mort à Chelsey, en Angleterre, où il s'était réfu-
gié après la révocation de l'édit de Nantes, le 26
novembre 1729. Il a écrit :

1°. *Plan des plus considérables Villes fortifiées de l'Europe,
avec une dissertation géographique, et histoire des sièges qu'elles
ont soutenues depuis deux cents ans,* in-4°, 1701.
2°. *Annales de la reine Anne,* 11 vol. in-8°.

3°. *L'histoire du roi Guillaume,* 3 vol. in-8°, 1703.

4°. *Etat politique de la Grande-Bretagne, de 1710 à 1729.*

5°. *Caton, tragédie de M. Addisson,* traduite en français, 1713.

6°. *Recueil de lettres.*

7°. *L'ingénieux Compagnon.*

8°. *L'histoire de toutes les accusations jusqu'à celle de milord Oxford.*

9°. *Télémaque traduit en anglais,* 2 vol. in-12. (Il y a eu douze éditions.)

10°. *L'histoire du règne de la reine Anne,* 1722, in-fol.

11°. *Le grand Théâtre d'honneur et de noblesse,* 1729.

12°. *Dictionnaire anglais-français et français-anglais.* (Il y a eu plus de vingt éditions.)

13°. *Grammaire anglaise.*

25. —BOYER (Claude), né à Albi en 1618 et mort le 22 juillet 1698; il fut membre de l'Académie française. Ses ouvrages sont :

1°. *Les caractères des prédicateurs, des prétendants aux dignités Ecclésiastiques, de l'Ame délicate, de l'Amour profane, de l'Amour saint,* avec quelques autres comédies chrétiennes, 1695, in-8°.

2°. *Poésies fugitives dans les Recueils du temps.*

3°. *La sœur généreuse, tragi-comédie,* 1646.

4°. *La Porcie romaine, tragédie,* 1646.

5°. *La générosité d'Alexandre,* 1647.

6°. *Aristomède,* 1640.

7°. *Ulysse dans l'isle de Circée, ou Euriloque foudroyé,* 1648.

8°. *Clotilde, tragédie,* 1659.

9°. *Frédéric, tragi-comédie,* 1659.

10°. *La mort de Démétrius, ou le rétablissement d'Alexandre, roi d'Epire, tragédie,* 1660.

11°. *Tigrane, tragédie,* 1660, non imprimée.

12°. *Policrite, tragi-comédie,* 1662.

13°. *Oropaste, ou le faux Tonaxare, tragédie,* 1662.

14°. *Les amours de Jupiter et de Sémélé,* 1666.

15°. *Le jeune Marius,* 1669.

16°. *La fête de Vénus, pastorale, comédie héroïque,* 1669.

17°. *Policrate, comédie héroïque,* 1670.

18°. *Lisimène, ou la jeune bergère, pastorale,* 1672.

19°. *Le fils supposé, tragédie,* 1672.

20°. *Demarate, tragédie,* 1673, non imprimée.

21°. *Le comte d'Essex* (de moitié avec Leclerc), *tragédie.*

22°. *Oreste, tragédie* non imprimée, 1681.

23°. *Artaxercès, tragédie,* 1682.

24°. *Jephté, tragédie* pour les dames de St.-Cyr, 1692, in-4°.

15°. *Judith, tragédie,* 1695.
26°. *Méduse, opéra,* 1697.

26. — CABROL (Barthelemi), né au Nay, près de Gaillac, fut chirurgien de l'Hôpital de cette dernière ville, puis professeur d'anatomie à la Faculté de Montpellier. Il était né dans le 16ᵉ siècle et mourut vers 1624. Il a composé :

1°. *L'Alphabet anatomique,* Tournon, 1594, in-4°; Genève, 1602 et 1624, in-4°; Montpellier, 1603, in-4°; Lyon, 1614 et 1624, in-4°.

2°. *Alphabeton anatomicum* (même ouvrage que le précédent). Genève, 1604, in-4°; Montpellier, 1606, in-4°; Hollande, 1648, édité par Plembius, avec figures.

3°. *Collegium anatomicum clarissimorum trium virorum, Jacobini, Severini, Cabrolii,* Hanovre, 1654, in-4°; Francfort, 1668, in-4°.

27. — CACHIN (Jean-Marie-François baron de), inspecteur-général des ponts-et-chaussées, naquit à Castres le 2 octobre 1757 et mourut à Paris le 23 février 1825. Il avait épousé la veuve du prince de Montbelliard. Il a laissé :

1°. *Mémoire sur la digue de Cherbourg, comparée au Break-Weter, ou jetée de Plymouth.*

2°. *id. sur la navigation de l'Orne inférieure,* Paris, an VII, in-4°.

3°. *Plusieurs autres mémoires imprimés ou manuscrits.*

28. — CARAMAN DE BONREPOS (Jean-Mathias de Riquet de), fils de l'auteur du Canal du Languedoc, naquit à Castres, dans le milieu du 17ᵉ siècle; il devint Maître des requêtes et Président du Parlement de Toulouse. Chargé de faire exécuter la révocation de l'édit de Nantes aux environs de Castres et de Lavaur, il entretînt une nombreuse correspondance avec les Ministres du Roi et l'Intendant de la province. Il la conserva et l'a transmise à sa famille, sous le titre de :
Mémoires sur l'exécution de la révocation de l'Édit de Nantes. Cet ouvrage manuscrit est très-rare.

29. — CAVAYÉ (Pierre) reçut le jour à Arfons le 28 septembre 1771 et mourut à Toulouse le 13 décembre 1820. Il a publié :

1°. *Le Nouvel Emile*, Castres, 1797, gros volume in-12.

2°. *Recueil de Fables*, 1804, in-12.

3°. *La Piété filiale, poëme*, 1814, Toulouse,

4°. *Une Cosmographie*, imprimée à Castres.

5°. *Vie de saint François-Augustin Raucoule*, dédiée Mgr. l'Evêque de Carcassonne. (Cet ouvrage fut livré au pilon par ordre du directeur de l'imprimerie, 1807.).

6°. *Pénélope, tragédie.*

30. — CIRON (Innocent de), naquit à Albi en 1620; il fut chancelier de l'Université de Toulouse, chanoine de Saint-Etienne; il mourut en 1650. On a de lui :

1°. *Des paratitles sur les cinq livres des Décrétales.* Leipsick, in-4°, 1726.

2°. *Cinquième collection des Décrétales après Gratien.* Paris, 1645, in-fol.

3°. *Opera in jus canonicum*, Vienne, in-fol., 1761.

31. — CIRON (Gabriel de) naquit aussi à Albi en 1620; il fut chanoine de Toulouse et chancelier de l'Université, député à l'assemblée du Clergé de France en 1656, et mort en 16 .. Il a fait imprimer :

Les instructions de saint Charles Borromée aux confesseurs.

32. — CLARI (François de), Avocat-général au Grand-Conseil, d'une famille noble, qui a donné un premier président au Parlement de Toulouse, naquit à Albi vers 1550 et mourut, étant devenu conseiller au Parlement de Toulouse, en 1627. On a de lui :

1°. *Remontrances au Grand-Conseil du Roi, sur le rétablissement requis par les officiers qui ont suivi la Ligue.* Tours, 1591, in-8°. (*Mémoires de la Ligue*, tome 4.)

2°. *La description de la belette en vers français.* Lyon, 1778, in-8°, rare.

3°. *Philippiques contre les Bulles et autres pratiques de la faction espagnole*, Tours, 1592, 1611, in-8°.

33. — CLOS (Jean-Ant.), né à Sorèze en 1774 et mort dans la même ville en 1844, est auteur d'une :

Notice historique sur Sorèze et ses environs, 1802, Toulouse, Bénichet, in-8°; Dupin, 1845.

34. — CORAS (Jean de) naquit à Réalmont,

où sa famille tenait un rang considérable. On trouve Gabriel de Coras décoré du titre de Prévôt de Réalmont, en 1583. Jacques de Coras, son fils, exerça cette charge en 1618. Cette famille devait prendre son nom du village de St-Martin de Coras, situé sur les bords du Dadou et dont il ne reste plus de vestiges. Celui qui fait l'objet de cet article reçut le jour à Réalmont en 1513, de Jean de Coras et de Catherine de Termie; il fut assassiné juridiquement à Toulouse le 4 octobre 1572. Il fut Professeur à l'université de Toulouse et Conseiller au Parlement de la même ville.

Il a composé les ouvrages suivants, qui furent imprimés à Lyon en 1558, en 2 volumes in-folio. Ils furent réimprimés à Wittemberg en 1603. Je citerai les principaux contenus dans cette double publication :

1°. *Variæ in varias juris partes interpretationes.*

2°. *Centuria memorabilium tum scholanti, tum forensium Senatus Consultorum curiæ Tolosatis.*

3°. *De posthumis.*

4°. *Micellenea de justicia et jure.*

5°. *Du bon et entier juge.*

6°. *Paraphrases sur l'Edit des mariages clandestins.*

On imprima à part :

7°. *L'histoire de Martinguerre,* procès dont Coras fut rapporteur. Paris, 1572, Galliot-Dupré, imprimeur.

35. — CORAS-LARIGAUDIE (Jean *et non* Jacques de), de la même famille que le précédent, naquit aussi à Réalmont, dans le 17e siècle. Il était Proposant en théologie, en 1650; il fut ensuite Pasteur à Roquecourbe, à Cayard, en Quercy, et abjura le Calvinisme en 1665. Il mourut en 1677. On a de lui :

1° *Jonas ou Ninive pénitente,* 1663, in-12.

2°. *OEuvres poétiques,* contenant les poëmes de Jonas, de Josué, de Sanson, de David. Paris, 1665.

3°. *Vita Joannis Corasii Senatoris.*

4°. *La conversion de Jean Coras,* dédiée à nos seigneurs du Clergé de France. Paris, 1667, in-12.

36. — DACIER (André) naquit à Castres, le 6 avril 1631, de Jean Dacier, célèbre avocat de la Chambre de l'Edit, et de Suzanne de Falguerolles. Il épousa en 1683, la célèbre Anne Le Fèvre, si connue sous le nom de Mme Dacier. Il mourut le 18 septembre 1722. Il était membre de l'Académie française. On a de lui :

1°. *Une édition de Pompeius Festus et de Verrus Flaecus, ad usum Delphini.* (Paris, 1681, 1689; Amsterdam, 1726.)

2°. *Nouvelle traduction d'Horace.* (10 vol. in-12, Paris, 1681, 1689, 1709.)

3°. *Réflexions morales de l'empereur Antonin.* (Paris, 1691, 2 vol. in-12.)

4°. *La poétique d'Aristote.* (Paris, 1692, in-4° et in-12.)

5°. *Les vies des hommes illustres de Plutarque.* (Paris, 1621, 8 vol. in-4°; Amsterdam, 1723, 9 vol. in-8°, 1735, 10 vol.; Lyon, 1803, 14 vol. in-12.)

6°. *L'OEdipe et l'Electre de Sophocle.* (Paris, 1693, in-12.)

7°. *Les œuvres d'Hippocrate.* (Paris, 1697, 2 vol. in-12.)

8°. *Les œuvres de Platon.* (Paris, 1697, 2 vol. in-12.)

9°. *La vie de Pythagore, ses Symboles, ses Vers dorés, la vie d'Hiéroclès et son commentaire sur les vers dorés.* (Paris, 1706, 2 vol. in-12.)

10°. *Manuel d'Epitecte, avec cinq traités de Simplicius sur des sujets importants sur les mœurs et la religion.* (Paris, 1716, 2 vol. in-12.)

11°. *Réponses de M. Dacier aux critiques que l'on a insérées dans* l'Europe savante, *sur la traduction des vies de Plutarque, dans le* Journal des Savants *du 25 juin et 11 juillet 1718.*

12°. *Discours prononcés à l'Académie française.* (Paris, 1695, in-4°, dans les recueils de l'Académie.)

13°. *Réponses aux discours de M. Cousin en 1697 et à celui de M. Boze en 1715 dans les recueils de l'Académie.*

14°. *Dissertation sur l'origine de la satyre.* (Mémoires de l'Académie des inscriptions, tome 2, édition de Hollande.)

15°. *Notes sur Longin.*

16°. *Notes dans l'histoire de Louis-le-Grand par les médailles, sur Quinte-Curce, commentaire sur Théocrite, traité de la Religion* (manuscrites).

37. — DANT (Jean), un des fondateurs de l'A--cadémie de Castres, naquit dans cette ville en 1565 et y mourut en 1651. Il a laissé les ouvrages suivants, qui n'ont pas été imprimés :

1°. *Traité du chauve, ou le mépris des cheveux.*

2°. *Traité du ris et du ridicule qui sont dans le jeu de l'inconnu.*

3°. *La Philis de Scyre,* traduite en vers français.

4°. *Relation d'un voyage à Maroc.*

5°. *Lettres sur l'avarice, sur l'utilité de la lecture de l'histoire et sur la vanité.*

6°. *Traité sur les poissons en général.*

7°. *Discours en prose et en vers sur différents sujets.*

8°. *Poésies fugitives.*

On remarque parmi ces dernières productions :

a. *Stances sur les pâles couleurs d'une demoiselle.*

b. *Stances sur une fille qui se croyait belle, parce que son amant l'avait appelée* Ange.

c. *Stances contre une femme laide, qui pressait un docteur en théologie de lui dire ce que c'est que la foi.*

d. *Paraphrase du Psaume* xxix.

e. *Épigrammes nombreuses.*

38. — DARROUS DE LA SERRE (Jean-Baptiste-François-Xavier), né à Rabastens en 1723 et mort dans la même ville le 23 avril 1807, a laissé :

1°. *Breloques ou recueil de pièces fugitives.* Toulouse, in-12, 1778.

2°. *Le même ouvrage corrigé et augmenté.* Toulouse, in-32, 1782.

3°. *Appendice des breloques ou 2e partie de l'édition de* 1782. Toulouse, an V, in-32, ordinairement joint au n° 2.

39. — DAUBIAN DE LISLE (Joseph) reçut le jour à Castres, le 1er mai 1734; il fut avocat et lieutenant du Juge du Chapitre et de plusieurs seigneuries; puis enfin juge au tribunal de Castres. Il mourut le 28 août 1822. Il a laissé plusieurs poëmes en vers patois manuscrits, entre autres :

1°. *Lous Caoulets farcits.*

2°. *Le Misantrope de Molière, traduit en vers patois.*

40. — DEFOS (David), conseiller du Roi, contrôleur de son domaine au comté de Castres, naquit dans cette ville en 1570 et y termina sa vie en 1650. Il a composé :

Traité du comté de Castres, des seigneurs et comtes d'icelui, ensemble des hommages et reconnaissances et autres droits féodaux et seigneuriaux que Sa Majesté a coutume d'y prendre et lever, suivant les us et coutumes par lequel ledit comté est gouverné. Toulouse, chez Arnaud Colomiés, 1633.

41. — DESPLATS-ROQUES (Jean-Pierre), né à Castres le 28 mars 1761, embrassa l'état ecclésiastique et mourut en 183 . Il a laissé :

1°. *Mémoire sur la légitimité du Prét lucratif.* Auger, Castres, 1824.

2°. *Réponse aux observations qui servent d'introduction à la brochure ayant pour titre :* Réfutation du Mémoire sur le Prêt lucratif. Vidal, Castres, 1824.

3°. *Réponse à la brochure ayant pour titre :* Réfutation du Mémoire sur le Prêt lucratif. Auger, 1825.

4°. *M. Desplats-Roques, prêtre, ancien prébendier de Castres, à l'Opinion publique.* Vidal, Castres, 1826.

42. — DIDIER (Saint), évêque de Cahors, d'une famille illustre d'Albi, naquit dans cette ville en 595 et mourut à Saint-Géri ou à Saint-Juéri, le 15 novembre 660. Il a composé plusieurs ouvrages qui sont perdus. On a conservé :

Seize lettres insérées par Canisius dans les Antiquæ Lectiones, tome V ; on les trouve dans le *Corpus historiæ Franciæ de Frecher,* tome I ; on les a encore dans le tome I des *Historiæ Francorum de Duchesne;* on peut les lire dans la *Bibliotheca Patrum.* Dom Bousquet les a publiées dans le tome IV de la *Collection des Historiens français.*

La vie de saint Didier a été mise dans la *Bibliotheca nova,* manuscrit du *Père Labbe,* tome I.

43. — DUCARLA-BONIFAS (Marc), né à Vabre, en 1738 et mort à Villeneuve-du-Tarn, le 16 avril 1816, a publié :

1°. *Des grands mouvements de la matière.* Castres, 1775.

2°. *Cosmogonie,* 3 vol. in-8°, Genève, 1779 et 1780.

3°. Divers Mémoires dans le *Journal de Physique,* savoir :

a. *Sur les vents pluvieux.* Décembre 1781.

b. *Sur les anneaux planétaires.* Mai 1782.

c. *Sur les inondations volcaniques.* Août 1782.

d. *Vues sur la géographie physique.* Février 1783.

e. *Vents refroidis par l'évaporation.* Juin 1783.

f. *Nuages parasites.* Juin, juillet, août, septembre 1784.

4°. Mémoires dans le *Journal Encyclopédique,* savoir :

a. *Lettre à M. de Saussure sur l'hygrométrie.* Décembre 1783.

b. *Des creux volcaniques.* Décembre 1783.

c. *Sept articles vers la même époque.*

5°. *Douze à quinze articles dans le* Journal de Paris, *de 1782 à 1784.*

6°. *Plusieurs articles dans le* Journal des Savants, *aussi de
1782 à 1784.*

7°. *Du feu complet.* Paris, 1784.

8°. *Expression du nivellement.* Paris, 1784 ou 1785.

9°. *Mademoiselle de Romans, nouvelle* (manuscrit).

44.—DUCROS (Gabriel), médecin très-distingué,
naquit à Castres, à la fin du 16ᵉ siècle et y mourut
le 24 novembre 1651. Il fit imprimer à Toulouse
en 1646, chez Arnaud Colomiés :

Traité de la peste, in-4°.

45.—DUFFAUT (Etienne), médecin, naquit à
Rabastens et y mourut vers 1663. Il a laissé :

*L'Œmologie, ov sont esclercies plvsievrs difficvltez touchant
la nature, préservation et curation de la peste.* A Tolose, chez
la vefve de I. Colomiez, imprimeur, 1630, in-12.

46.—FABRE (N   ), ingénieur du Roi à Castres en 1649, a publié :

1°. *Plusieurs ouvrages sur son art;*

2°. *Des Cartes géographiques.* Celle du pays des Grisons
est très-estimée.

47.—FABRI (Pierre de), seigneur de Rouquay-
rol, procureur-général à la Chambre de l'Edit, était
né à Castres en 1593 et y mourut au mois de janvier 1669. On a de lui :

1°. *Conclusions d'audience.* Paris, Denis Houssaie, 1638.

2°. *Traité de la Peinture.* 13 juin 1651.

3°. *Quelle a été l'origine de la Peinture et de la Statuaire,
et laquelle est la plus excellente.* 20 juin 1651.

4°. *Vers latins sur la chûte de* M. de La Forest Thoyras,
sénéchal de Montpellier. 25 février 1655.

48.—FAURIN (Jean), né à Castres en 1530,
y mourut en 1605; il a laissé :

*Des Mémoires sur les événements qui ont eu lieu en Lan-
guedoc, de* 1559 *à* 1602. Ils sont imprimés dans les *Pièces
fugitives,* pour servir à l'*Histoire de France,* tome II. On
trouve à la Bibliothèque du Roi, un exemplaire manuscrit
de ces *Mémoires,* qui est bien plus complet et plus étendu.

49.—FERRIER (Paul de) naquit à Castres en
1639; il entra dans l'état ecclésiastique et obtînt
l'Abbaye de *St.-Vivant-sous-Verge;* il était cousin

et ami du célèbre Pélisson ; il mourut en 1725. On a de lui :

Mémoires dans lesquels on donne les éclaircissements aux articles proposés par M. le Président Bouhier, *et où l'on a joint plusieurs faits particuliers, qu'on a cru pouvoir servir à celui qui veut écrire la vie de M. de Pélisson.*

50.—FONTENAI (Louis-Abel de Bonafous, abbé de) naquit à Castelnau-de-Brassac le 4 mai 1736 et mourut à Paris le 28 mars 1806. On a de lui :

1°. *Dictionnaire des Artistes ou notices historiques et raisonnées des artistes, peintres, graveurs, sculpteurs.* Paris, 1777, 2 volumes.

2°. *Annonces et affiches des provinces, de* 1776 *à* 1782.

3°. *L'ami des Bourbons ou Tableau historique des Princes de la Maison de Bourbon.* Paris, 1783, 2 vol. in-12 ; réimprimé en 1790, sous le titre d'*Illustre destinée des Bourbons.*

4°. *Affiches de Paris pour la province depuis* 1783.

5°. *Journal général de France depuis mai* 1776 *au* 10 *août* 1792.

6°. *Galerie du Palais-Royal gravée d'après les tableaux des différentes écoles, avec notices.* 59 livraisons in-fol., Paris, 1788.

7°. *Une édition du* Dictionnaire des locutions françaises de Demandre. — 2 vol. in-8°.

8°. *Tables de l'Histoire universelle, traduites de l'anglais.* 1 vol. in-4°, formant le 46ᵉ volume.

9°. *Une édition du* Dictionnaire de Vosgien. — In-8°, 1803.

10°. *Géographie moderne de Nicole de Lacroix.* 2 vol. in-12, 1805.

51. —FOURNEZ (Jean-Louis), né à Labruyère le 29 janvier 1750, fut juge - viguier de sa ville natale avant la Révolution ; puis il exerça jusqu'à sa mort les fonctions de juge de paix ; il cessa de vivre le 21 août 1811. Il a laissé :

1°. *Montsegou, poëme en deux chants.*

2°. *Lettres à Madame Balard.*

3°. *Poésies fugitives.*

4°. *Voyage à Montpellier.*

52. —FREGEVILLE (N , Gau de), natif de Réalmont, dans le 17ᵉ siècle, a publié :

Une Cosmographie.

53. — GACHES (Jacques), avocat à la Cham-

bre de l'Edit, naquit à Castres le 14 janvier 1553 et y mourut le 14 novembre 1612. Il a écrit :

Des Mémoires sur les événements arrivés en Languedoc, et surtout en Albigeois pendant les guerres de religion, de 1560 à 1610.

54. — GACHES (Raymond), petit-fils du précédent, reçut le jour à Castres vers 1615; devint pasteur protestant en 1649, et mourut en décembre 1668. Il a laissé :

1°. *Un recueil de Sermons,* imprimés à Paris, chez Louis Vendome, Nicolas Dupin, et plusieurs fois à Castres.

2°. *Sonnet sur la mort du maréchal de Gassion.* Déc. 1648.

3°. *Recueil d'Epigrammes latines.* Avril 1649.

4°. *Stances sur un père affligé de la mort de son fils.* Octobre 1549.

5°. *Quatrain latin numéral sur la détention du prince de Condé dans le bois de Vincennes.* Mars 1650.

6°. *Traduction du* IIe *livre de l'Iliade d'Homère.* Avril 1650.

7°. *Sonnet sur un flambeau allumé.* Avril 1650.

8°. *Traduction du* IIIe *livre des* Odes d'Horace. Mars 1650.

9°. *Elégie latine sur la mort de M. Dant.* 21 mars 1651.

55. — GAUBIL (Antoine), savant jésuite et célèbre missionnaire à la Chine, naquit à Gaillac le 14 juillet 1689 et termina sa carrière à la Chine le 24 juillet 1759. On a de lui :

1°. *Traité historique et critique de l'Astronomie chinoise dans le Recueil d'Etienne Souciet, intitulé :* Observations mathématiques, astronomiques, etc. — Paris, 1729, in-4°.

2°. *Mémoire sur le même sujet dans le même ouvrage.*

3°. *Journal du voyage du P. Gaubil de Canton à Pékin, dans le même ouvrage.*

4°. *La traduction française du* Chou-King. Paris, 1771, in-4°.

5°. *Histoire de Gengis-Kan et de toute la dynastie des Montgoux.* Paris, 1739, in-4°.

6°. *Histoire de plusieurs Dynasties chinoises* (manuscrite).

7°. *Histoire de la grande dynastie de Thang,* insérée dans le xve volume des *Mémoires concernant les Chinois,* et dans le xvie vol. de la même Collection. — Paris, 1814.

8°. *Traité de la Chronologie chinoise,* publié à Paris.

9°. *Description de la ville de Pékin,* publiée à Paris, en 1785, sous le nom de Delisle et Pingré.

10°. *Mémoires ou notices sur le Tonking et la Cochinchine, sur le Thibet, sur les îles Lioukieou et sur la conquête du royaume des Olets* se trouvent dans le recueil des *Lettres édifiantes.*

11°. *Une Lettre à la Société royale de Londres,* imprimée dans les *Transactions philosophiques.*

12°. *Deux Lettres sur les missions de la Chine,* insérées dans les *Lettres édifiantes.*

13°. *Lettres et Mémoires nombreux adressés à Freret, à Delisle, au P. Souciet,* imprimés par extrait ou manuscrits.

56. — GIBRAT (Jean-Baptiste), né à Gaillac et non aux Cabannes, près Cordes, comme le dit la *Biographie* de Michaud, le 26 novembre 1727, fut prêtre de la Doctrine Chrétienne, et mourut à Castelnaudary en décembre 1803. Il a publié :

1°. *Une Géographie moderne,* dont il y a eu sept éditions.

2°. *Une Géographie ancienne, sacrée et profane.* 4 vol. in-12, 1790.

3°. *Un nouveau Missel du dioceze de Tarbes.*

4°. *Un Rituel d'Aleth.*

5°. *Un Missel et un Bréviaire* pour le même diocèse.

6°. *Des Hymnes pour les Offices propres de certaines églises.*

7°. *Office pour le rétablissement du Culte, à l'époque où les Evêques constitutionnels furent réunis en concile à Paris.*

Le P. Gibrat avait eu le malheur de prêter plusieurs serments.

57. — GILLES (Pierre) reçut le jour à Albi, en 1490, et mourut à Rome en 1555. Il a laissé :

1°. *Orationes duæ, quibus suadet Carolo Quinto imperatori, regem Galliæ captum, gratis esse dimittendum.* Brescia, 1540.

2°. *En Æliani historia latini facti, itemque in Porphirio, Helyodoro, Oppiniano luculentis accessionibus, aucti libri* xvi. *De vi et naturá animalium, liber unus. De gallicis et latinis nominibus piscium.* Lyon, Sebastianus Griphius, 1533, in-4°; Lyon, 1562, in-8°; Genève, 1611 et 1616. — Conrad Gesner l'a insérée dans les *OEuvres complètes d'Ælien.* Zurich, 1556.

3°. *De Bosphoro Thraciæ, libri tres.* Lyon, 1561, in-4°; Leyde, Elzevir, 1632 et 1635, in-24. Cet ouvrage a été inséré dans le *Thœsaurus antiquitatis Grœcæ,* tome VI.

4°. *Topographia Constantinopoleos et de illius antiquitatibus, libri* iv. Lyon, 1561, in-4°; Leyde, 1632, in-32, insérée dans le *Thœsaurus de Gronovius,* dans l'*Imperio orientale de Banduri.* C'est à Antoine Gilles, neveu de l'auteur, à qui on doit les premières éditions de cet ouvrage et du précédent.

5°. *Elephanti descriptio, missa ad B. cardinalem Armagnacum, ex urbe Berrhœa Syriaca.* Lyon, 1562, in-8°. — Cette Description a été placée à la suite des *Animaux d'Ælien.*

6°. *La Traduction latine du Traité de Demetrius, de Constantinople, intitulé* : De Assâ accipitrûm, canumque, *imprimé à la suite du précédent et dans le recueil de Rigault,* Accipitranæ rei scriptores. — Paris, 1612, in-4°.

7°. *La Traduction du Commentaire de Théodoret, évéque de Cyr, sur les douze petits Prophètes* (1533, in-8°) *et dans l'édition des OEuvres de ce Père, publiées par* Syrmont.

8°. *Vie de Ferdinand, roi d'Aragon, par Valla.* Paris (S. Colines), 1521, in-4°, éditée par Gilles.

9°. *Des additions au Dictionnaire grec-latin.* Bâle, 1532, in-folio.

58. — GORSSE (Jean-Louis-Charles-Antoine-Raymond), né à Albi le 23 février 1770 et mort à Paris le 21 décembre 1814, a laissé :

1°. *Traduction des livres de saint Augustin sur la musique et Mémoires sur la théorie et les charmes de cet art.*

2°. *Poésies fugitives.*

3°. *Sapho, poëme,* 2 vol. in-8°.

4°. *Simon de Montfort, tragédie,* non imprimée.

5°. L'article relatif aux *Mines qui sont dans les divers départements de la France,* inséré dans la *Statistique générale de ce royaume.* Buisson, libraire, à Paris.

59. — IMBERT (Pierre), notaire, né à Coufouleux, près Rabastens, en 1742 et mort à Rabastens en 1822, est auteur de :

Diverses Poésies fugitives, imprimées pour la plupart. Une d'elles est insérée dans le *Recueil des Jeux Floraux.*

60. — ISARN (François d'), marquis de Saint-Amans, seigneur de Mailloc et Puech-Gouzon, enseigne de la compagnie des gardes-du-corps de Son Altesse Royale Monsieur, frère de Louis XIV, membre de l'Académie des inscriptions et belles-lettres, naquit à Albi, de Pierre Isarn, seigneur de Mailloc, régent de la temporalité, et de Marie Le Brun, vers le milieu du 17ᵉ siècle.

Voir pour ses ouvrages les Mémoires de l'Académie royale des inscriptions et belles-lettres.

61. — ISARN (Samuel) reçut le jour à Castres en 1637, et mourut à Paris, à la fleur de son âge, d'un cruel accident. Il a laissé :

La pistole parlante ou la Métamorphose d'un louis d'or, ou

Lettres galantes à Mlle de Scudéri. On trouve cette histoire dans le *Recueil des Poésies de Lamounoie.* 1714.

62. — ISARN-GREZES (N   ), parent du précédent et aussi natif de Castres, est auteur de :

1°. *Madrigaux pour déclarer son amour à quelques Dames.*

2°. *Elégie sur la mort de M. de Balzac.*

3°. *Sonnet sur le songe d'un amant favorisé de sa maîtresse.*

4°. *Madrigal sur le baiser fortuné d'un homme et d'une fille qui se mesuraient pour savoir quel était le plus grand.*

5°. *Vers sur un poëme de Sarrazin, intitulé :* La défaite des bouts-rimés.

6°. *Vers mis dans un tronc pour les pauvres et gardé dans une rue par deux Demoiselles.*

63. — JAUSSAUD (Louis de) naquit à Castres le 13 janvier 1620, de Jean-Louis de Jaussaud, traducteur de Thucidide, et de Jeanne-Marguerite de Scorbiac; il fut conseiller à la chambre de l'édit, et mourut à Castres le 15 janvier 1688. On a de lui :

1°. *Carmen de rebus gestis Ludovici XIII.* 1648.

2°. *Ode en vers français sur un jeu d'amour.* Septem. 1652.

3°. *Elégie latine sur la mort de M. de Saint-Albi.* Oct. 1652.

4°.   *Id.*   *id.*   *de M. Dant.* Février 1657.

5°. *Epitaphes et Epigrammes en vers latins sur la mort de M. de Balzac.* Novembre 1658.

6°. *Distiques latins sur la paix avec l'Espagne procurée par la Reine.* Décembre 1659.

7°. *Epitaphes, distiques et épigrammes en vers latins sur la mort du cardinal Mazarin.* Juin 1661.

8°. *Vers latins élégiaques sur la conquête de la Franche-Comté.* Janvier 1669.

9°. *Distiques latins sur une corneille femelle, qui s'était précipitée elle-même de douleur dans un puits, où son mâle était tombé par hasard et s'était noyé.* Février 1669.

10°. *Epigramme latine sur Delie dormante.* Février 1669.

11°. *Remarques sur le* IVe *livre des* Annales de Tacite. — Juillet 1669.

12°. *Vers élégiaques sur la mort de M. de Vasergues, fils de M. le président de Vignoles, tué par une bombe au siége de Candie.*

13°. *Remarques et corrections aux Epîtres critiques de M. Lefèvre, de Saumur.* Août 1669.

64. — LACARRI (Gilles) naquit à Castres le 25 mai 1605; il entra dans la congrégation des jésuites, et mourut le 25 juillet 1684. Il a laissé :

1°. *Historia Galliarum sub præfectis Prætorii Galliarum.* 1672, in-4°.

2°. *Historia coloniarum à Gallis in externas nationes missarum.* 1677, in-4°.

3°. *Epitome historiæ regum Franciæ.* 1672, in-4°.

4°. *De regibus Franciæ et lege salicâ.* 1677, in-4°.

5°. *Cornelii Taciti, liber de Germaniâ.* In-4°.

6°. *Historia romana, etc., per Numismata et Marmora.* Clermont, 1671, in-4°.

7°. *Une édition de Velleius Paterculus.*

8°. *Historia christiana imperatorum, consulum et præfectorum.* 1675, in-4°.

9°. *Histoire du Code Justinien* (manuscrit).

65. — LACGER (Hercule de), seigneur de Massuguier, conseiller à la Chambre de l'Edit, naquit à Castres au commencement du 17e siècle et y termina sa vie le 21 juillet 1670. Il a laissé :

1°. *Stances pour un combat de bannières qui fut fait en Suède pour la célébration de la naissance de la reine.* Avril 1653.

2°. *Elégie sur le déplaisir de l'absence.* Mai 1655.

3°. *Paraphrase en stances françaises du Psaume* 130.

4°. *Vers faits en Suède, par ordre de la Reine, sur la fuite d'Armide devant Renaud, représentée en tapisserie.*

5°. *Sonnets et chansons sur différents sujets.*

6°. *Stances sur la liberté de M. le prince de Condé.*

66. — LAPEROUSE (Jean-François de Galaup de) reçut le jour à Albi en 1741 et termina sa vie au milieu des écueils de l'Occitanie occidentale, à la fin de 1788 ou au commencement de 1789. Quoique la relation de son voyage ne soit pas écrite par lui-même, comme il a dû fournir toutes les notes au rédacteur Milet de Mureau, on le regarde à juste titre comme l'auteur du

Voyage de Laperouse, 4 vol. in-4°, avec *Atlas.* Paris, 1797.

67. — LAROCHE-FLAVIN (Bernard de), né en 1552, sur les frontières du Rouergue et de l'Albigeois, d'une famille ancienne originaire des mêmes pays, fut avocat à dix-neuf ans, puis conseiller présidial à Toulouse, ensuite conseiller au Parlement, enfin président de la Chambre des Enquêtes de la même Cour en 1581; il fut décoré

du titre de conseiller d'état et mourut à Toulouse
en 1627. On a de lui :

1°. *Histoire des Parlements.* Bordeaux, 1617.
2°. *Traité des arréts notables du Parlement de Toulouse.*
1 vol. in-4°, Toulouse.
3°. *Mémoires des antiquités, singularités et choses les plus
mémorables de Toulouse et autres du ressort de ce Parlement,
tant du pays de Languedoc que de Guienne.*

Il eut trois enfants, dont un (Jacques de Laroche, conseiller-
clerc au Parlement en 1630 et mort en 1684) était possesseur
du domaine dit *de Laroche,* commune de Rivière, qui appartient aujourd'hui à M. Dussap.

68. — LAROCHE-FLAVIN (Melchior de), naquit vers 1510, dans un château situé entre Tanus
et Moularés. Un de ses frères était secrétaire du
Roi. Quant à lui, il était gardien du couvent
des cordeliers d'Albi, et fut un prédicateur célèbre. Il a laissé des sermons et autres instructions
sur divers sujets.

69. — LARROQUE (Jean-Paul de), était né à
Albi et mourut à Paris à la fin du 17e siècle. On a
de lui :

1°. *Journal des Savants de 1675 à 1687.*
2°. *Prospectus d'un Journal ecclésiastique,* 1680.
3°. *Les journaux de médecine ou les observations des plus
fameux médecins, chirurgiens et anatomistes de l'Europe, tirées
des journaux étrangers ou des mémoires particuliers.* Paris,
1683, in-12.
4°. *Mémoires sur l'histoire ecclésiastique,* 1690.
5°. *L'histoire du Languedoc, tirée des pièces et chartes du
trésor de Sa Majesté et des registres de la Chambre des Comptes.*
Paris, 1683, in-4°.

70. — LARROQUE (Antoine), prêtre, professeur
de théologie à l'université de Toulouse, prévôt
du chapitre de Saint-Etienne, chanoine et vicaire-
général, naquit à Pampelonne en 1755 et mourut
en 1833. Il a laissé :

Divers ouvrages de Théologie imprimés.

71. — LARROQUE-BONIFAS (Louis), naquit
à Castres le 14 septembre 1744 ; il fut pasteur

protestant et embrassa avec chaleur les principes de la Révolution. Il eut le malheur d'être l'un des juges du P. Imbert, condamné à mort et exécuté à Castres. Il mourut dans sa ville natale, le 5 octobre 1811. On a de lui :

L'Elève de l'Evangile. Toulouse, Navarre, 1812, 2 vol. in-8°.

72. — LASOURCE (Marc-David Alba), né à Angles en 1762 et décapité à Paris le 3 octobre 1793. Il fut pasteur protestant, membre de la Convention et régicide. Il a laissé :

Divers Discours prononcés à la tribune de la Convention.

73. — LEBLANC (Guillaume), évêque de Toulon en 1571, légat du Saint-Siège, chancelier de l'université de Toulouse et conseiller au Parlement de la même ville ; il était natif d'Albi et mourut en 1588. On a de lui :

1°. *Une traduction latine de l'Histoire grecque de Xiphilin.*
2°. *Un Traité sur les Sacrements.*
3°.   *Id.*   *contre les Hérétiques.*
4°. *Des Poésies diverses.*

74. — LEBLANC (Guillaume), neveu du précédent, naquit à Albi en 1561 ; il fut créé évêque de Grasse et de Vence en 1592, et était camérier du Saint-Siège apostolique ; il cessa de vivre le 29 novembre 1601. Il a laissé :

Plusieurs ouvrages de poésie, imprimés à Rome en 1595, entre autres un *Poëme en vers héroïques en l'honneur d'Henri IV* et des *Epigrammes dédiées au même monarque.*

75. LECLERC (Michel), né à Albi en 1622, fut membre de l'Académie française, et mourut le 8 décembre 1691. Il a laissé :

1°. *La Virginie romaine, tragédie.*
2°. *Iphigénie, tragédie.* 1676, in-12.
3°. *Les V premiers livres de la* Jérusalem délivrée, *en vers français.* 1667, in-4°.
4°. *Le jugement de Páris.*
5°. *Oreste, tragédie.*
6°. *Orontée, tragédie lyrique.*
7°. *Conformité des Poètes grecs et latins, italiens et français* (ouvrage inachevé).

76. — LITTRE (Alexis), vit le jour à Cordes en 1658 et mourut à Paris le 3 février 1725. Cet habile médecin a laissé :

1°. *Observation sur une nouvelle espèce de hernie.* (Mémoires de l'Académie des Sciences.) 1700.

2°. *Description de l'urétre de l'homme.* Ibidem.

3°. *Observations sur un fœtus humain monstrueux.* Ib., 1701.

4°. *Observations sur les ovaires et les trompes d'une femme et sur un fœtus trouvé dans l'un de ses ovaires.* Ibidem.

5°. *Observations sur un fœtus humain trouvé dans la trompe gauche de la matrice.* Ibidem. 1702.

6°. *Histoire d'un fœtus humain tiré du ventre de sa mère par le fondement.* Ibidem. 1702.

77. — MALZAC (Silvain), médecin, né à Castres le 7 mars 1689, y mourut le 25 février 1758. Il a laissé :

1°. *Réflexions critiques sur plusieurs questions de physique et de médecine.* Toulouse, 1735, in-12.

2°. *Lettres à M. Fizes sur le bouillon de grenouilles.* Utreck, 1746.

3°. *Dissertation sur l'ancienneté du bain et sur les grands soulagements qu'il apporte à tout le monde, surtout aux personnes âgées* (manuscrite).

78. — MALZAC (Félix), médecin, né à Castres le 12 juillet 1758 et mort dans la même ville, le 21 février 1823, a publié :

Divers articles littéraires dans le Mercure français.

79. — MARTURÉ (Jean-François), né à Castres en 1792 et mort à Albi, où il était professeur d'histoire, le 1er décembre 1845, a laissé :

1°. *Histoire du Pays Castrais.* Castres, Auger, 1822, 2 v. in-8°.

2°. *Histoire des Comtes de Toulouse.* Id., 1 vol. in-8°.

80. — MARTY (Guillaume) né à Montgey, dans le 16e siècle et mort dans le suivant, a laissé en manuscrit :

Des Notes historiques curieuses sur la dévastation des villes de Saint-Paul et de Cuq-Toulza pendant les guerres du duc de Rohan.

81. — MONTAIGNE (Michel), né à Gaillac en 1786 et mort dans la même ville en 1830, a fait imprimer à Paris, en 1825 :

Une traduction en vers des Bucoliques de Virgile, *suivie
de quelques Pièces fugitives.*

82. — MORUS (Alexandre) naquit à Castres le
25 septembre 1616, et mourut à Paris chez la du-
chesse de Rohan, le 20 septembre 1670; il fut
ministre protestant à Genève, à Middelburg et à
Charenton. On a de lui :

1°. *Tractatus de gratiá et libero arbitrio.* In-4°.
2°.   *Id.*   *de scripturá sacrá.*
3° *Un commentaire sur le chapitre 53 d'Isaïe.* In-4°.
4°. *Harangues.* In-4°.
5°. *Poëmes latins et une Réponse à Milton, intitulée :* Ale-
xandri Mori fides. In-8°.
6°. *Sermons.* Amsterdam, 1691.
7°. *Derniers discours de M. Morus.* Genève, 1681, in-18.

83. — NAUTONIER (Guillaume de), seigneur de
Castelfranc, naquit au château de l'Ourmarié, près
de Venez, le 15 juillet 1560; il fut ministre cal-
viniste et établit une imprimerie dans son manoir
de l'Ourmarié, communauté de Venez, et mourut
à Castres, le 10 août 1620. On a de lui :

1°. *La Mécométrie de l'aimant.* Petit in-folio très-rare, imprimé à Castelfranc, de 1603 à 1604.
2°. *De artificiosá memoriá liber.* Castres, Fabre, libraire,
1607, in-4°.
3°. *Diane astrologique* (manuscrit).
4°. *Une Cosmographie.*

84. — PANAT (Dominique-Joseph de Brunet,
vicomte de), capitaine des dragons d'Artois, naquit à Albi le 30 août 1752, et mourut le 19 juin
1795, en émigration; il fut membre des Jeux Floraux, et a composé :

*Une tragédie, une comédie et des poésies fugitives laissées en
manuscrit.*

85. — PELISSON (Jean de) naquit à Castres,
vers la fin du 15° siècle; il fut principal du collége de Tournon. Il a laissé :

1°. *Eloge latin du cardinal de Tournon.* Lyon, 1534.
2°. *Abrégé de la Grammaire latine de Despautère.* Lyon,
1530, in-12.
3°. *Traité de l'institution des enfants.* Lyon, in-16, 1536.

4°. *Modus examinendæ constructionis in oratione*. Lutetiæ, Robert Etienne, 1545, in-8°.

86. — PELISSON (Jean-Jacques de), né à Castres le 11 juin 1589, fut conseiller au Parlement de Toulouse et à la Chambre de l'Edit; il mourut à Castres, le 26 mai 1629. Il a écrit :

Abrégé des Arrêts recueillis par Geraud Maynard, sous le nom duquel il se cacha. Toulouse, 1618. — Maynard mit en ordre le travail de Pélisson.

87. — PELISSON (Georges de) naquit à Castres en 1620, fut conseiller au Parlement de Metz, et mourut en 1677. On a de lui :

1°. *Mélanges de divers problèmes où sont contenues de nouvelles raisons sur plusieurs choses morales et autres sujets*. Paris, Augustin Coubé, 1647, in-12.

2°. *Discours pour prouver qu'un Prince ne doit pas faire de la chasse son passe-temps ordinaire*. Décembre 1648 (man.).

3°. *Discours pour prouver qu'il est mieux de se faire obéir à ses domestiques par la douceur, que par la crainte et la violence*. Février 1649.

4°. *Harangue sur la durée de l'Académie*. Avril 1649.

5°. *Remarques sur les poésies de Malherbe*. Mars 1649.

6°. *Discours pour prouver la divinité par la sagesse et la providence qui paraissent dans la création et la conduite du monde et de ses principales parties*. Avril 1649.

7°. *Discours pour savoir lequel est le plus agréable, à la campagne, un bois ou une belle vue*. Novembre 1649.

8°. *Sonnets, épigrammes et autres pièces sur divers sujets*. Janvier 1650.

9°. *Discours pour prouver l'immortalité de l'âme par la seule raison*. Février 1650.

10°. *Discours pour prouver, par raisons naturelles, que le monde n'est point éternel, mais qu'il a eu un commencement*. Avril 1650.

11°. *Remarques sur l'Art d'aimer d'Ovide*. Juin 1650.

12°. *Epître en vers burlesques sur un bal de village*. Nov. 1650.

13°. *Traduction des Epîtres de Sénèque*. Avril 1651.

14°. *Discours à la louange des Dames*. Juillet 1652.

15°. *Traité sur diverses expériences faites par lui pour savoir s'il y a du vuide dans la nature*. Juillet 1653.

16°. *Discours sur la véritable science*.

88. — PELISSON-FONTANIER (Paul de), né à Castres en 1624, fut secrétaire du Roi, maître des comptes à Montpellier, maître des requêtes et membre de l'Académie française; il mourut à Paris le 17 février 1693. Il a laissé :

1°. *Paraphrase des Institutions de l'empereur Justinien.* Paris, 1645, in-8°.

2°. *Relation contenant l'Histoire de l'Académie française.* Paris, 1653, in-8°.

3°. *Discours en forme de préface sur les OEuvres de Sarrazin.* Paris, 1655, in-4°.

4°. *Discours au Roi par un de ses fidèles sujets sur le procès de M. Fouquet.* Paris, 1661, in-4°.

5°. *Panégyrique de Louis XIV.* 1670, in-8°.

6°. *Courtes Prières pendant la Messe.* Paris, 1677, in-12.

7°. *Productions sur l'affaire du Prieuré de St.-Orens d'Auch.* Paris, 1682, 3 vol. in-12.

8°. *Réflexions sur les différents de la Religion.* 4 vol. in-12, publiés en 1686, 1687, 1690, 1692, volume par volume.

9°. *Traité de l'Eucharistie.* Paris, 1694, in-12.

10°. *Poésies diverses, chrétiennes et morales, dans le Recueil dédié à la princesse de Conti.*

11°. *Histoire de la conquéte de la Franche-Comté.* 1668.

12°. *Fragments de l'Histoire de Louis XIV.* 3 v. in-12, 1749.

13°. *Lettres historiques et OEuvres diverses.* 3 vol, in-12, 1729.

14°. *Abrégé de la vie d'Anne d'Autriche.* 1666.

15°. *Prière au Saint-Sacrement de l'autel pour chaque semaine de l'année, avec des Méditations sur divers Psaumes.* 1734, 1 vol. in-18.

16°. *Prières sur les Epîtres et Evangiles de l'année.* 1734, in-18

On a publié en 3 volumes (Paris, 1739) les *OEuvres diverses* de Pélisson (l'abbé Souchay).

Il faut ajouter à cette longue liste :

17°. *Recueil de Pièces galantes en prose et en vers de Madame la comtesse de la Suze et de Pélisson.* 5 vol. in-12, 1695.

89. — PERIÉ (Hilaire-Jean-Pierre) naquit à Castres, le 13 janvier 1753, et mourut dans la même ville le 1er mai 1804. Il avait été, comme son père, conseiller à la sénéchaussée de Castres. On a de lui :

1°. *Sonnet en l'honneur de la Vierge,* qui remporta le prix aux Jeux Floraux en 1785.

2°. *Pièces fugitives en manuscrit.*

3°. *Nouveau Dictionnaire latin et français, manuscrit.*

(Mad^{lle} Aline Perié possède tous les ouvrages de son père.)

90. — PERIÉ (Hilaire), fils ou parent du précédent, naquit à Castres en 1780. Il fut conservateur des antiquités du Musée de Nîmes, et avait épousé

la célèbre Mme Simons-Candeille. Il mourut en 1833.
Il a laissé plusieurs ouvrages.

91. — PINEL (Philippe) naquit à Saint-Paul de
Capjadoux le 11 avril 1746; il fut médecin en chef
de la Salpetrière, professeur à la faculté de médecine de Paris, et y mourut le 26 octobre 1826. On
a de lui :

1°. *Des articles dans les Journaux de Médecine et d'Agri-
culture.*

2°. *Une traduction de la Nosologie de Cullen.* 1785.

3°. *Des articles dans l'Encyclopédie méthodique par ordre
des matières.*

4°. *Recherches sur une nouvelle classification des Quadru-
pèdes, fondée sur la structure mécanique des parties osseuses
qui servent à l'articulation de la mâchoire inférieure.* 1792.

5°. *Observations sur la conformation et la construction de la
tête de l'éléphant.* 1793.

6°. *Mémoire sur la rétractabilité des ongles dans les Car-
nassiers.* In-4°.

7°. *Nosographie philosophique.* 1798.

8°. *Médecine clinique.*

9°. *Traité de l'aliénation mentale.*

92. — PORTAL (Antoine), né à Gaillac le 3 jan-
1742 et décédé à Paris le 22 juillet 1832, fut un des
plus célèbres médecins de l'époque. Il obtint la
croix de St.-Michel et le titre de commandeur de
la Légion-d'Honneur; fut professeur au Collége de
France, membre de l'Institut, premier médecin des
rois Louis XVIII et Charles X. Il a composé :

1°. *L'histoire de l'Anatomie et de la Chirurgie.* 6 vol., 1779.

2°. *Précis de l'Anatomie.*

3°. *Une édition de la Structure du Cœur par Sénac.*

4°. *Traité de l'Anatomie de l'Homme en santé et en maladie,
ou Anatomie médicale.*

5°. *Traités sur la rage, les asphyxies, sur les enfants en
apparence morts-nés, sur les noyés.*

6°. *Traité sur la phthisie pulmonaire.*

7°. *Mémoires nombreux.*

93. — POUX (Augustin), né à Labruguière le
1er novembre 1747, fut curé de Mazamet, député
aux Etats-Généraux; il mourut le lundi de la Pen-
tecôte de l'année 1816. Il a laissé :

1°. *Question sur les censures.*
2°.   *Id.*   *sur les empéchements.*
3°. *Conférences sur la pénitence.*
4°. *Traité du mariage.*
5°. *Des mariages célébrés en France depuis la Révolution.*
6°. *Sur les fêtes décadaires.*
7°. *Réponse aux objections de l'administration du diocèse de Tours, faites à notre décision du 24 février dernier, concernant les mariages décadaires.*
8°. *Questions sur les grandes thèses de la morale, tirées du Traité du Synode diocésain, de Benoît XIV et d'ailleurs.*
9°. *Traité sur les lois.*
10°. *Id.* *sur la justice.*
11°. *Id.* *des contrats.*
12°. *Mémoire sur la route de Mazamet à Carcassonne.*
(L'abbé Bosviel, vicaire de Mazamet, possédait tous ces ouvrages.)

94. — **PUJOL** (Antoine) reçut le jour et mourut à Castres, dans le 17ᵉ siècle. Il est auteur du :

Recueil de Règlements sur les Synodes provinciaux du Haut-Languedoc et de la Haute-Guyenne. Castres, 1679.

95. — **PUJOL** (Justin), né à Castres en 1810 et mort dans la même ville le 25 septembre 1832, a publié :

1°. *Ode sur Napoléon.*
2°. *Elégie aux mânes de* Justine Ramas.
3°. *Elégie insérée dans l'*Album Castrais.

96. — **PUYLAURENS** (Guillaume de) naquit, au commencement du 13ᵉ siècle, dans la ville de Puy-laurens, dont sa famille possédait la seigneurie; il fut chapelain du dernier Comte de Toulouse, et mourut après 1295. Il a écrit :

Chronicon Guillelmi de Podio Laurentii, capelani Comitis Tolosani Raymundi super historiá negotii à Francis Albigentibus, vulgariter appellatis Albigatis.
(Cette chronique est imprimée dans les Mémoires de Catel et dans la Collection de M. Guizot.)

97. — **RAFIN** (Gaspard) naquit à Réalmont, dans le 17ᵉ siècle; il était protestant et pasteur de cette religion. Il possédait à Brens un domaine qu'on appela, à cause de sa profession religieuse, *la Minis-*

trano; ce nom s'est conservé jusqu'à nos jours; ce domaine appartient à Mme Bérenguier. Il a composé :

Le Despautère en vers français. 1548.

98. — RANCHIN (Jacques de) naquit à Castres en 1620, fut conseiller à la Chambre de l'Edit, et mourut après 1669. On a de lui :

1°. *Discours sur la Liberté et l'Égalité établie entre les Académiciens.* Janvier 1649.

2°. *Traduction de l'italien de Manzini du* Caton généreux. Avril 1649.

3°. *Traduction en vers français d'une scène du* Pastor fido. Mai 1649.

4°. *Vers à une Demoiselle qui se plaignait qu'il l'eût regardée avec des lunettes de multiplication.* Mai 1650.

5°. *Vers sur le souhait d'une Dame qui désirait que la ville où elle se trouvait avec lui, fut embrâsée et qu'ils fussent garantis du feu.* Avril 1650.

6°. *Le Pré d'amour, poëme.* Août 1652.

7°. *Oraison funèbre de M. de Spérandieu Saint-Alby.* 30 juillet 1652.

8°. *Poésies chrétiennes,* imprimées.

9°. *Stances à Mademoiselle Des Bordes.*

99. — RAPIN DE THOYRAS (Jean-Jacques) naquit à Castres le 25 janvier 1594; il épousa Jeanne de Pélisson, exerça la profession d'avocat, et mourut en 1685. On a de lui :

1°. *Plaidoyer sur l'excès commis par un homme, pour empêcher le passage par une sienne pièce de terre, à une femme conduite à l'église pour y être épousée, et réitéré après, lorsqu'elle était conduite au tombeau.*

2°. *Plaidoyer pour des consuls qui, après avoir porté quelque temps les livrées consulaires, moitié rouges, moitié noires, en conséquence de la faculté qui leur en avait été donnée par leur seigneur, furent poursuivis par son procureur juridictionnel pour les obliger à les quitter.*

3°. *Discours sur l'heureux succès des lettres qui suit ordinairement celui des armes, et sur l'exemple que la France en donne par l'établissement ds plusieurs Académies.*

4°. *Plaidoyer pour une mère qui s'opposait à l'entérinement des lettres de grâce obtenues par celui qui avait tué son fils.*

5°. *Discours sur l'élection de M. de Juge, avocat, pour remplacer M. Dant à l'Académie de Castres.*

6°. *Discours sur cette question :* Lesquels sont plus heureux en ce monde, ou les sages, ou les fous?

7°. *Discours sur le plaisir et l'utilité qui se retirent de la communication et de la confiance.*

100. — RAPIN DE THOYRAS (Paul), fils du précédent et de Jeanne de Pélisson, naquit le 25 mars 1661, à Castres, fit ses études à l'Académie de Puylaurens, quitta la France après la révocation de l'édit de Nantes, servit dans les armées anglaises, et mourut à Wezel le 16 mai 1725. Il a laissé :

1°. *Une Histoire d'Angleterre.* Lahaie, 8 vol. in-4°, 1724, 1725 et 1726 ; — Paris, 16 vol. in-8°, 1749.

2°. *Dissertation sur les Wighs et les Torys.* Lahaie, 1717, in-8°

On a imprimé à Trévoux, sous le titre de *Lahaie,* les OEuvres complètes de Paul Rapin de Thoyras. 1726 et 1728.

101. — RASSIGUIER (   ) naquit à Réalmont à la fin du 16ᵉ siècle et mourut à Castres le 25 août 1660. On a de lui :

1°. *Les Amours d'Astrée et de Céladon.* 1630.

2°. *L'amante du Tasse.* 1631.

3°. *La Bourgeoise ou la promenade de Saint-Cloud.* 1633.

4°. *Polinice, Circérice et Florise, tirées de l'Astrée de M. Durfé.* 1634.

5°. *La Célidé, sous le nom de Calerie, ou la générosité d'amour.* 1635.

6°. *Les Tuileries.* 1635.

7°. *OEuvres poétiques du sieur Rassiguier.* Paris, 1631, in-8°.

102. — RIGAL (Jean-Jacques), né à Cussac, près Albi, commune de St.-Grégoire, le 11 janvier 1755, exerça avec éclat la double profession de chirurgien et de médecin à Gaillac, où il mourut le 8 juillet 1823. Ses ouvrages nombreux sont :

1°. *Considérations théoriques et pratiques sur divers cas de Pathologie.* 1780.

2°. *Mémoire sur les amputations.* 1780.

3°. *Observation sur l'amputation déterminée par la gangrène.* 1780.

4°. *Observations et réflexions sur l'oblitération des canaux déférents.* 1780.

5°. *Mémoire sur l'utilité des émétiques dans certains accouchements.*

6°. *Mémoire sur les asphyxies des nouveaux-nés.* 1786.

7°. *Mémoire sur la maladie épidémique connue sous le nom de Suette.* 1782.

8°. *Mémoire sur le mal des mâchoires qui attaque les enfants en Amérique, dans les premiers jours de leur naissance.* 1786.

9°. *Mémoire sur l'Ophtalmie épidémique qui régna à Gaillac en 1787.* — 1788.

10°. *Discours sur les progrès de la Chirurgie en France et de sa prééminence sur les autres nations.* 1784.

11°. *Mémoire sur l'utilité du cautère, considéré comme égout dans les maladies cancéreuses.* 1785.

12°. *Mémoire sur la cataracte et sur la membrane du cristallin.* 1810.

13°. *Observations et réflexions sur le charbon.* 1813.

Ces divers Mémoires sont manuscrits.

14°. *Lettre au docteur Archbault, sur la perte de sang qui succède à l'accouchement.* Gazette de Bordeaux, 1782.

15°. *Observations sur la nyctalopie.* Mercure de France, 1784.

16°. *Mémoire sur la catalepsie.* Mémoires de l'Académie des Sciences de Toulouse.

17°. *Mémoire sur l'utilité de la gangrène et sur son inoculation dans certaines maladies.* Bibliothèque médic. Avril 1811.

18°. *Mémoire sur la taille des femmes pratiquée du côté du vagin.* Bibliothèque médicale, tome III, p. 605.

19°. *Mémoire sur la rage, publié par ordre du Préfet.* 1812.

20°. *Id. sur la taille latérale chez les femmes et sur d'autres points de Chirurgie.* Annales cliniques de Montpellier, Mars 1810.

21°. *Observations et réflexions sur diverses maladies chirurgicales.* Annales de Clinique de la même Société. Mars 1810.

22°. *Mémoire sur les hernies.* Même Recueil, mai 1811.

23°. *Id. sur la parenthèse, sur la nécrose et l'usage du seton dans les articulations artificielles.* Idem. Mai 1812.

24°. *Mémoire sur les maladies des voies lacrymales et sur l'opération de la fistule.* Idem. Mars 1813.

25°. *Mémoire sur les fistules du conduit salivaire de Sténon.* Même Recueil. Avril 1813.

26°. *Mémoire sur le* Tétanos, *avec quelques observations sur les plaies de poitrine et du bas-ventre.* Idem. Mars 1814.

27°. *Mémoire sur l'opération césarienne après la mort.* Idem. Avril 1814.

28°. *Mémoire sur les tumeurs chroniques.* Idem. Mars, avril, mai et juin 1816.

29°. *Observations sur le phymosis, l'exophtalmie et les mouvements du cerveau.* Idem. 1816.

30°. *Mémoire de Chirurgie pratique.* Biblioth. méd. Juin 1819.

31°. *Mélanges de Médecine.* Soc. royale de Méd. Sept. 1817.

32° *Lettre scientifique sur la rage, pour demander le placement d'appareils à cautérisation dans chaque canton.* 1818.

33°. *Instruction sur la vaccine.* Bulletin admin. du Tarn.

34°. *Seize Rapports sur la vaccine, imprimés par ordre de l'Administration.*

103. — ROCHEGUDE (Henri de Pascal de), contre-amiral en retraite, chevalier de St.-Louis, né le 18 décembre 1741, à Albi, et mort dans la même ville le 16 mars 1834. On a de lui :

1°. *Le Parnasse occitanien.* Toulouse, Bénichet, 1819, in-8°.
2°. *Glossaire occitanien.*   Id.   id.   id.
3°. *Divers manuscrits.*

104. — ROLLAND (François-Louis de), prêtre, chanoine théologal de Carcassonne, naquit à Rabastens en 1746 et mourut dans la même ville le 14 août 1833. Il a écrit :

1°. *Cas de conscience sur le prêt à jour.* Toulouse, Vieusseux, 1830.
2°. *Justification de la brochure :* Cas de Conscience. — Toulouse, veuve Tislet, 1831.

105. — ROQUES (Pierre), né à Caraussé, commune de Lacaune, le 14 mai 1685 et mort à Bâle, où il était ministre protestant, le 16 août 1748, a composé :

1°. *Le Pasteur de l'Evangile.* In-4°.
2°. *Sermons.*
3°. *Une édition du Dictionnaire de Moreri.* 6 vol. in-fol.
4°. *Continuation des Discours de M. Saurin sur la Bible.*
5°. *Une nouvelle édition de la Bible de Martin.* 2 vol. in-f.
6°. *Une édition augmentée de la Dissertation de M. Barnage sur les ducls et les ordres de Chevalerie.*
7°. *Morceaux de Littérature dans le* Journal Helvétique *et la* Bibliothèque Germanique.
8°. *Eléments des vérités historiques, dogmatiques et morales.* Basle, 1728.
9°. *Lettres à un Protestant de France, au sujet du mariage des Réformés et du baptême de leurs enfants dans l'Eglise romaine.* Lausanne, 1720 et 1735.
10°. *Le vrai piétisme.* Basle, 1731, in-4°.
11°. *Les devoirs des sujets.* Basle, 1727, in-12.
12°. *Traité des tribunaux ecclésiastiques.* 1738, in-8°.
13°. *Le tableau de la conduite du Chrétien.*

106. — ROSEL-BAUMONT, (Jacques de), né à Castres en 1646 ou 1652 et mort à Berlin le 23 novembre 1729, a donné au public :

1°. *De nombreux articles dans l'histoire de la république des lettres, tant ancienne que moderne.* Amsterdam, 15 vol. in-18.
2°. *OEuvres mélées.* Amsterdam, de 1722 à 1750.

107. — ROSSIGNOL (Antoine), né à Albi en 1590 et mort à Paris en 1673, fut fort estimé de Louis XIII et du cardinal de Richelieu; Louis XIV daigna le visiter dans sa retraite. Il était savant mathématicien et très-habile pour expliquer les lettres en chiffres; il fut maître des comptes. Il a publié quelques ouvrages.

108. — ROTAN (Jean-Baptiste) vivait à Castres dans le 17ᵉ siècle. Il publia un livre intitulé :

1°. *De l'orthodoxe sur l'Eucharistie.* La Rochelle, 1596.
2°. *Un autre Traité religieux pour réfuter les motifs de la conversion de Cayet.* La Rochelle, 1596.

109. — SABATIER (Antoine), connu sous le nom de *Sabatier de Castres*, naquit dans cette ville le 13 avril 1742 et mourut à Paris le 15 juin 1817. Il a écrit :

1°. *Histoire des Dieux et des Héros du Paganisme.*
2°. *Dictionnaire classique portatif de la langue française, par l'ancienne Académie, corrigé et augmenté par Rivarol, enrichi d'observations et d'exemples par M. l'abbé Sabatier.*
3°. *Vocabulaire étymologique et portatif de la langue latine.*
4°. *De la Souveraineté ou connaissance des vrais principes du gouvernement des peuples.* Altona, 1806, in-8°.
5°. *Lettres politiques et littéraires.*
6°. *Testament moral, politique et littéraire, ou Choix de pensées et observations à l'usage des princes, des hommes d'Etat et des hommes de lettres.*
Ces divers ouvrages sont manuscrits.
7°. *Les trois siècles de la littérature française, ou Tableau de l'esprit de nos écrivains depuis François Iᵉʳ jusqu'en 1772.* 3 vol. in-8° ou 4 vol. in-12.
8°. *Les Eaux de Bagnères, comédie en prose.* 1763, in-8°.
9°. *Lettre d'une Dame de province à une Dame de la cour.* 1763.
10°. *L'école des pères et des mères, ou les trois infortunés.* 1767 et 1769, in-12.
11°. *Les quarts d'heure d'un joyeux solitaire, ou Contes de M***.*
12°. *La Ratomanie, ou le Songe moral et critique d'un jeune philosophe.* 1767, in-8°.

13°. *Betzi, ou les bizarreries du Destin.* 1769 et 1798, 2 vol. in-12.

14°. *Dictionnaire des passions, des vertus et des vices, ou Recueil des meilleurs morceaux de morale pratique.* 1769, 2 vol. in-12.

15°. *Dictionnaire de littérature, dans lequel on traite de tout ce qui a rapport à l'éloquence, à la poésie et aux belles-lettres.* 1770, 3 vol. in-8°.

16°. *Abrégé historique de la vie de Marie-Thérèse, impératrice, reine de Hongrie, et de Charles-Emmanuel III, roi de Sardaigne.* 1773, in-8°.

17°. *Derniers sentiments des plus illustres personnages condamnés à mort.* 1775, 2 vol. in-12.

18°. *Les Siècles payens.* 9 vol. in-12, 1784.

19°. *Lettres sur divers sujets dans les journaux.*

20°. *Le tocsin des Politiques sur la Révolution française.*

21°. *Pensées et Observations morales et politiques.*

22°. *Le Journal politique et national.* 1789 (les 17 premiers numéros).

23°. *Lettres critiques, morales et littéraires sur l'esprit et les ouvrages du 18ᵉ siècle.* Hollande, 1778.

24°. *Sur la Révolution française.* Aix-la-Chapelle, 1792, in-8°.

25°. *Lettres critiques, morales et politiques sur l'esprit, les mœurs et les travers de notre temps.* Allemagne, 1802.

26°. *Le véritable esprit de J.-J. Rousseau.* Allemagne, 1804, 3 volumes in-8°.

27°. *Apologie de Spinosa.* Paris, 1810, in-12.

110. — SALVAN (Antoinette de), épouse d'Antoine de Fontvieille de Salliés, viguier de la ville d'Albi, naquit dans cette ville en 1638 et y mourut à l'age de 92 ans, en 1730. Cette muse a publié :

1°. *La comtesse d'Isembourg,* roman historique. 1678, in-18.

2°. *Des Réflexions chrétiennes.*

3°. *Des Paraphrases, en vers français, sur les Pseaumes de la pénitence.*

4°. *Des Incriptions tirées de l'Ecriture sainte, pour les arcs-de-triomphe lors de la translation des reliques de saint Clair.*

5°. *La Relation de cette translation.* Mercure de France, septembre 1700.

6°. *Lettre sur l'entrée de Mgr. de Serroni, premier archevéque d'Albi.* Mercure de France, 1679.

7°. *Entrée de M. de Nesmond.* Mercure de France, 1704.

8°. *Projet d'une nouvelle secte de Philosophie.* Idem. 1681.

9°. *La Princesse Isabelle de Bavière, fille du Duc Etienne,* roman historique.

10°. *La Princesse Marguerite, fille de Wencelas IV, emperʳ.*

111. — SAUSSOL (Alexis), d'abord supérieur de la communauté de St.-Nicolas du Chardonnet, vicaire-général de Lavaur, précepteur du jeune roi d'Etrurie, puis d'un prince russe, évêque de Séez, en 1819, naquit à Dourgne le 6 février 1759 et mourut dans sa ville épiscopale le 7 février 1836. On a de lui :

1°. *Traité de la conduite à tenir après la persécution.* 1800.
2°. *Sur le Concordat.* 1801.
3°. *Lettre latine contre la décision de la grande Pénitencerie de Rome, au sujet de l'intérêt légal.*
4°. *Des Discours et des Mandements.*

112. — SAVOIS ( ), né à Castres, dans le 17° siècle, s'occupa de controverses et écrivit :

1°. *Examen de Conscience.*
2°. *Catéchisme.*

113. — SCORBIAC (Jean de) vivait à Castres à la fin du 16° siècle et au commencement du siècle suivant ; il était fils de Richard de Scorbiac, conseiller catholique à la Chambre de l'Edit et neveu du fameux Saluste Dubartas. On a de lui :

La Christiade, ou Poëme sacré contenant une Histoire sainte du Prince de la Vie. Paris, Pierre Couderc, 1613, in-8°.

114. — SCORBIAC (Samuel de), frère du précédent, conseiller à la Chambre de l'Edit, vivait aussi à Castres à la même époque. Il est l'auteur du :

Second tome de la Bibliothèque Tolosaine.

115. — SEVERAC (Jacques) vivait à Castres dans le milieu du 17° siècle. Il a publié :

1°. *Traité des Lots.*
2°. *Table de la liquidation de la quarte légitime.*

116. — SEVERAC ( ), frère du précédent, est auteur d'un traité :

De Luce primageniâ.

117. — SEVERAC ( ) né à Sorèze, est cité par Borrel.

118. — SPÉRANDIEU ( ), seigneur d'Ai-

guefonde, membre et secrétaire de l'Académie Castraise, naquit à Castres et y mourut le 15 mai 1680. On a de lui :

Le Registre des assemblées. de l'Académie de Castres.

119. — SPÉRANDIEU (   ), seigneur de St.-Alby, son frère, reçut aussi le jour à Castres et mourut à St.-Alby le 24 octobre 1652. Il est l'auteur :

1°. *D'une Ode sur la naissance du Prince de Toscane.* 4 février 1649.

2°. *D'un Discours en prose sur les diverses significations du mot* ESPRIT. 16 septembre 1649.

3°. *Vers sur l'Inquiétude.* 26 novembre 1649.

4°. *Stances amoureuses à Cassandre.* 8 février 1650.

5°. *Relation d'une séance de l'Académie de la Crusca à Florence.* 16 septembre 1649.

6°. *Stances pour être données à une maîtresse, avec un ruban couleur de feu.* 26 avril 1650.

7°. *Traité sur les Sybiles persiques, lybiques, delphiques et de Cumes.* 26 avril 1650.

120. — TOURON (Antoine), religieux dominicain, naquit à Graulhet en 1686 et mourut à Paris le 2 septembre 1775. Il a publié :

1°. *La Vie de saint Thomas d'Aquin.* Paris, 1737, in-4°.

2°. *Vie de saint Dominique de Guzman.* Paris, 1739, in-4°.

3°. *Histoire des Hommes illustres de saint Dominique.* Paris, de 1743 à 1749, 6 vol. in-4°.

4°. *De la Providence.* Paris, 1752, in-12.

5°. *La main de Dieu sur les Incrédules.* Paris, 1756, 2 v. in-12.

6°. *Parallèle de l'Incrédule et du vrai Fidèle.* Paris, 1758, in-12.

7°. *La vie et l'esprit de saint Charles Borromée.* Paris, 1761, 3 vol. in-12.

8°. *Histoire générale de l'Amérique, de 1768 à 1770.* Paris, 14 vol. in-12.

121. — VAISSETTE (Joseph) naquit à Gaillac le 4 mai 1685, entra dans la congrégation de St.-Maur et mourut à St.-Germain-des-Prés, à Paris, le 10 avril 1756. Il a laissé :

1°. *Dissertation sur l'origine des Français.* Paris, 1722, in-12.

2°. *Histoire générale du Languedoc.* 1730 à 1735, 5 vol. in-fol.

3°. *Abrégé de l'Histoire du Languedoc.* 1749, 6 vol. in-12.

4°. *Lettre à Fontenelle sur* Romée de Villeneuve, *ministre d'un Comte de Provence.* Mercure de France, mars 1751.

5°. *Géographie historique, ecclésiastique et civile, avec cartes.* 1755, 4 vol. in-4° ou 12 vol. in-12.

122. — VALERY (Antoine) naquit et vécut à Castres dans le 16ᵉ siècle. Il a laissé :

Des Mémoires sur les événements arrivés à Castres, depuis 1562 *jusqu'en* 1614. (Cet ouvrage manuscrit est rare.)

123. — VIC (Claude de) reçut le jour à Sorèze le 15 juin 1670, entra dans l'ordre de St.-Benoît et mourut à St.-Germain-des-Prés, à Paris, le 23 janvier 1734; il a aidé dom Vaissette dans la composition des :

1°. *Deux premiers volumes de l'Histoire générale du Languedoc.*

Il a publié à Padoue :

2°. *La Traduction latine de la Vie du Père Mabillon et de Dom Thierry Ruinart.*

124. — VIGIER (Jean), médecin célèbre de Castres, dans le 17ᵉ siècle, y mourut en 1665. Il a publié :

1°. *Les Aphorismes d'Hippocrate, traduits en français.* Lyon, 1620, in-12.

2°. *Tractatus de catharrho et rhumatismo.* Genève, 1624, in-8°.

3°. *La grande Chirurgie des ulcères.* Lyon, 1650 et 1659, in-4°.

4°. *La grande Chirurgie des tumeurs.* Lyon, 1658, in-8°.

5°. *OEuvres chirurgicales des tumeurs.* — 3ᵐᵉ *partie.* Lyon, 1658, in-4°.

6°. *Traité de la peste.*

7°. *L'Enchiridon anatomic.*

8°. *Les Axiomes ou fondements chirurgicaux.*

9°. *La Traduction de l'Enchiridon chirurgical de Chalmetée, du latin en français.*

On a imprimé les Traités Chirurgicaux de Vigier sous le titre de :

Opera medico-chirurgica, in quibus nihil desiderari potest, quod ad perfectam atque integram de dignoscendis et curandis externis humani corporis morbis, methodum pertineat. Lahaie, 1559, in-4°.

125. — VOISINS (Jacques de), baron d'Ambres,

naquit au château d'Ambres vers le milieu du 16ᵉ siècle et fut tué en duel en 1606. Il a écrit :

Des Mémoires sur les guerres de religion. Paris, 1759.

On les trouve dans les *Pièces fugitives pour servir à l'Histoire de France.*

ERRATUM.

A la page 4, ligne 7ᵐᵉ, au lieu de *Mœreri,* lisez MORERI.

Un Supplément *devient indispensable pour un ouvrage qui exige un grand nombre de documents et
des recherches dans toutes les localités du département. Déjà de nombreuses omissions ont été si-
gnalées. Je me contente pour le moment de constater
les suivantes :*

CAILLAU (Jean-Marie), poète et médecin, né à Gaillac.
CAMPMAS, député à la Convention, né à Albi.
COMPAYRE, député au Conseil des Cinq Cents, né à Lisle.
COUTELLE, docteur en médecine, né à Albi.
LAS CASES (le Comte de), auteur du *Mémorial de Ste.-
Hélène.*
LE NORMAND, célèbre professeur de physique.
MASSOL, auteur de la *Description du département du Tarn.*

*Les lecteurs de cet Opuscule sont suppliés de me
faire connaître les omissions qu'ils pourront décou-
vrir. Ce n'est que par un mutuel concours qu'on
peut arriver à composer un ouvrage moins défectueux.*

FIN.

www.ingramcontent.com/pod-product-compliance
Ingram Content Group UK Ltd.
Pitfield, Milton Keynes, MK11 3LW, UK
UKHW020037080726
13614UKWH00004B/1825